蕭蕭 70 紀念詩集

天風落款的地方

The Place Where the Wind Inscribes

蕭蕭 著

新世紀美學 出版

天風落款的地方

The Place Where the Wind Inscribes

目次

輯三・常生活

天風落款的地方

The Place Where the Wind Inscribes

目次

輯四・雅意思

天風落款的地方

The Place Where the Wind Inscribes

目次

詩之言如之何志之以真持之以久：詩的字源探討

蕭蕭

詩，不需要玩弄語言、文字，但也不需要排除語言性的遊戲與撥弄。語言、文字一撥弄，有時可以在烏雲罩天時抹開一片天青月明。

我用了文言型的文字作為題目，不是嘩眾取寵，而是這樣的一個題目，其涵義已足以表達我們對詩應有的認識，或者說「詩」的造字原理就透露出這樣的訊息。

給我一個支點

「詩之言如之何志之以真持之以久」，首先是句讀的確認，因為有四個「之」字，讀者的心中自然形成一種畏恐：「這怎麼斷開啊？」沒耐心的人直接就放棄閱讀，詩人可能因此失去一位讀者，有耐心的人會抱持戒慎恐懼之心，仔細撥弄（讀者也是撥弄文字的同好者），試著挑戰，因此他會找到關鍵點，「找到關鍵點」不就是閱讀新詩最重要的竅門？譬如閱讀這首詩，如何找到相呼應的關鍵詞——

不願成佛的石頭

為了聽你行茶入杯盞的珠玉聲
我繼續荒蕪如一部未被持誦的佛經

瀑布捶打彷佛其一二
彷佛一二，也就八九不離十啊！

題目的「成佛」與「石頭」應該就是進入這首詩的關鍵詞，看到「成佛」與「石頭」，一般人會想到「頑石點頭」的成語，比喻感化入人之深，即使是冥頑不靈的石頭也會心領口服。有著更高一層文化素養的人會在「頑石點頭」之前加上「生公說法」，生公是指東晉鉅鹿人的僧徒竺道生（西元 372-434），曾從鳩摩羅什學習大乘般若中觀學，錢穆的《中國思想史》說他是使佛學中國化、理智化的第一位代表人物，他曾提出「一闡提之人也能成佛」的說法，不被當時的佛學界所接受，所謂「一闡提」是梵語 Icchantika 的音譯，指斷滅諸善根本，心不攀緣一切善法的人，這種人只要他能覺知自己的錯誤，也有成佛的可能。據研究佛學的人說，當時《大般涅槃經》還未漢譯，佛學界認為他這種說法是一種異端，所以他只好在蘇州虎丘山對著纍纍山石說法，他認為石頭都是不生不滅、不增不減、不垢不淨，「圓」渾天成，「寂」然不動，頗為符合「滅諸煩惱，名為涅槃」的道理，據說，說法的當時，連石頭也震動（點頭），所以有了「生公說法，頑石點頭」的傳說（參閱〈我國第一位佛學思想改革家：生公說法頑石點頭〉，《千佛山》雜誌 223 期，2008 年 3 月）。如果理解到這點，那對「不願成佛」的這顆石頭，說不定就起了好奇心，連生公說法也無法使他有信道、成佛的意願，那會是什麼樣的石頭？

為了跟「不願成佛」有所呼應，自然就產生「我繼續荒蕪如一部未被持誦的佛經」，佛經數量萬萬千，但一般信徒持誦的大約集中在某幾部，大部分的佛經或許就像四庫全書的經典，束諸高閣，無人撫觸，而我，一顆不願成佛的石頭，即使無人翻閱、無人爭睹，寧願荒蕪——只「為了聽你行茶入杯盞的珠玉聲」。這樣的珠玉聲，是以成佛、佛經來襯托內心的虔敬。

這「行茶入杯盞的珠玉聲」，又是什麼樣的美好聲音？這人為的倒茶的聲音，此處反以大自然的瀑布捶打巨石來模擬，似乎可以彷彿其一二，這彷彿其一二卻讓讚賞的人心滿意足了！所以，反過來說，知不知曉「生公說法，頑石點頭」的佛教典故，其實並不妨礙認識這首詩，因為這瀑布捶打巨石的沉穩之聲已足以令人心靜。嚴羽《滄浪詩話》說得好：「夫詩有別材，非關書也；詩有別趣，非關理也。然非多讀書、多窮理，則不能極其至。」詩，講究的是情趣，追求的是味道。有「情」無「趣」，不是好詩，但有「趣」無「情」，根本搆不上是詩；「味」大於「道」是好詩，「道」大於「味」，有可能成為教條。以百分比來說，「情」與「趣」之間，從1：99到99：1，均無不可，但「味」與「道」之間，「味」之滋不妨極大，「道」之長卻應點「道」即止，反過來看，當「味」滋蔓而無「道」可言，那也一樣不能算是詩。這其間的拿捏，正是滄浪反覆辯詰「詩」的別材、別趣，與「書」、與「理」之間的微妙平衡。詩要有別材、別趣才是好詩，但他們終究不能從理性、知識性去追索，不過，大量閱讀、深入思考，卻又可以將這種別材、別趣的孳生，推極到極點。

所以，回到今天的題目「詩之言如之何志之以真持之以久」的斷讀，這不是掉書袋的問題，而是讀者（或者詩人）是否找到那個「支點」——「給我一個支點，我就能舉起整個地球」（Give me a pivot, I can prize up the earth.），阿基米德（Archimedes，BC287-212）說的這個「支點」就是「關鍵」的那一點。

這個題目我們可以將它斷成三個區塊：「詩之言——如之何志之以真——如之何持之以久」，「詩之言」探討的是詩的定義；「如之何志之以真」是詩的內容的表現；「如之何持之以久」則是詩的藝術技巧的追求。分別論述如下：

「詩」這個字的奈米分析

「詩」這個字，華文世界的人都接受這是「形聲」字的說法，「形聲」字通常是左形右聲，形符通常指稱的是這個單字的意涵、類別或歸屬，所以也叫做「義符」，溪、河、江、海，左邊的形符都是水，這些字都與「水」有關。櫻、桃、李、梢，形符不一定在左，但都跟「木」有關。「齒」字相當有趣，形符在下，形象出動物牙齒整齊排列的樣子，上面的「止」是聲符，「齒」字的發音來自於「止」，「齒」、「止」讀音相近。所以，「詩」這個字當然跟語言相關，最常聽人說：「詩是語言的藝術」，「詩人是語言的魔術師」，或許就來自「詩」這個字的原始架構。

更進一步思考「言」是什麼?東漢許慎（約 58-147）《說文解字》說：「直言曰言，論難曰語」，南宋鄭樵（1103-1162）《通志》解釋小篆的「言」：「从二从舌。二，古文『上』字，自舌上而出者，言也。」從這兩家的說詞，「言」是直接從舌頭上發出來的話，說的是自己的事。相對的「語」是論難、答難的話，要有相對、相應答的兩人，相互之間的交談，是「為人說」，是「與人相答問、辯難」，是「是非」的爭論。如果照「言」的本意來看「詩」，「詩」是直抒胸臆的話，其實用不著論辯，用不著「是自己之是、非他人之非」。這就是詩，直言。

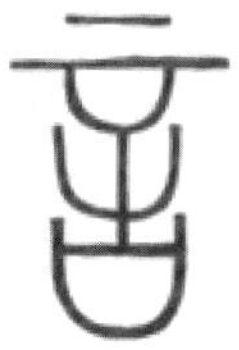

《詩經》的寫作技巧就早已標舉出「賦、比、興」三法，「直言其事」的「賦」是基本功，放在第一優先。

孔子（B.C.551-B.C.479）說：「辭，達而已矣。」（《論語・衛靈公》）說話也好，寫文章也罷，寫詩更該如此，能夠充分表達自己的心意也就夠了！

不過，「詩」這個字「从言寺聲」，「言」是他的形符，「寺」是他的聲符，「詩」的音從「寺」來，「詩」、「寺」音近。宋人王聖美曾提出「右文說」，是指形聲字左邊的形符表示事類的共同範圍，右邊的聲符主要在顯示聲音，但也可能顯現意義，而且聲符相同的形聲字往往具有共同的意義，譬如說「倫」、「輪」、「淪」、「崙」、「綸」、「掄」、「論」等字，都以「侖」為同一聲符，所以他們都含有「條理、規則、循環」等共通義。這一「右文說」觀念後來逐漸發展出「聲符兼義」、「音近義通」、「因聲求義」這些文字學的理論。所以，當我在思考「詩」的定義時，我列出聲符跟「詩」相同的字：「時」、「持」、「恃」、「侍」、「蒔」、「塒」、「等」、「待」、「峙」、「痔」、「特」……這組聲符相同的形聲字，可能有共同的意義嗎？一時我們似乎不容易立即找到共通的涵義，不如回到最原始的「寺」字來查考。

寺，如之何志之以真持之以久

「寺」字在《說文解字》上，列有兩種意義，其一是「廷也」，清人段玉裁（1735-1815）註解時引《漢書》注，認為「凡府庭所在皆謂之寺」，依現在的說法，政府機關辦公廳舍就是寺，與佛寺云云並不相涉。「寺」的同音字其一為「嗣」：指政務的執行有其連續性；另一為「司」：指管理的權責與能力的舒展。「寺」字的意義，其二是「有法度者也」，指天子上朝的所在「方百步」（面積以百步計算），「步」卻是「積寸」而來，延伸為有度、有法制。綜合這兩種說法，「寺」所影響下的「詩」之義，說的是「風雅頌」的雅頌作品，強調的是書寫時的結構與照應，頌是宗廟的樂歌，雅是朝會、宴饗的詩作，若是，「風」的作品所顯示的空間應該是家屋，「詩」之「寺」所呈現的「空間」感，是從家屋、辦公廳舍到宗廟，聽起來滿嚴肅的，所以，我又從「寺」字再加以析分。

「寺」字再分析，也會發現它是一個形聲字，以「寸」為形，以「士」為聲。在《說文》禾部裡的「程」字，提及「十髮為程，一程為分，十分為寸」，「寸」是長度的單位，十根頭髮並列在一起的寬度是「程」，所以我們有「程度」一詞，一程也是一分，十分就是「寸」，所以我們有「分寸」一詞，做人、寫詩，自有詩人應該謹守的分寸，那分寸的拿捏或許會有不同的考量，但各人心中自有一把尺卻是必要的。

「寸」的另一個說解：「人手卻一寸動衇謂之寸口，从又一。」「又」是象「手」之形的「手」字，所以古文「寸」的寫法是「手」下加一橫，這是指事字，指出這裡是「寸」、「寸口」，中醫把脈的所在，從手腕第一道橫紋至此，長度約一寸，「寸口」之名由此而來。

中醫認為，左手寸口可以探測心臟，右手探測肺臟，寸口是透過小小的脈象用以了解身體的重要關鍵處，此處雖小卻有大影響，或許也是我們對詩的基本認識，詩，一直都以極經濟的文字作為載體，承裝詩人的情感、思想、意志，讀詩的人透過這微微的脈象藉以探知詩人龐大的心的負荷，藉以呼應自己一生的某些情事，或簡單的情愫。

所以，以「寸」、以「寺」來認知「詩」，那顯露脈象的寸口，是小小的分寸所在，經由脈象的強弱、浮沉、頻率、走向，作為器官、身體安康與否的判斷依據。詩的寫作，應該由此體會。詩人要掌握的是脈象的寸口處，不是龐然大物的體軀四肢；是牽引社會動向、心意起伏的那根細線，不是鉅細靡遺的動象描摹。

「詩」字，《說文》只有簡單的兩句話作注：「詩，志也，从言寺聲。」段注指出，這是渾言《詩經．大序》：「詩者，志之所之也。在心為志，發言為詩。情動於中，而形於言；言之不足，故嗟歎之；嗟歎之不足，故詠歌之；詠歌之不足，不知手之舞之足之蹈之也。」詩是「情動於中，而形於言」，「中」就是「心」，情動於心而形之於言，詩是這樣直通於心，詩人所要思考的是「如之何志之以真」，因為心之真處就是詩的內容生發萌起的地方。

「寺」，也有人認為是「持」的古字。所以，「詩」可以體會為：如何使舌上之言持之以久。曾有現代詩人誇言，他的詩不是要讓一千人讀一遍就忘記，而是要讓一個人讀一千遍也不廢棄。這樣的期望就是如何使「言」持之以久的思考，是詩人應有的壯志。

《說文》「詩」字下，繼「詩，志也」的說解之後，段玉裁又有「假詩為持，假持為承」的說法，不僅「寺」有持意，詩也有持意；不僅「詩」有持意，詩也有「承」意，「承」是奉、是受，是將詩奉納於懷中，有著拳拳服膺的虔敬之誠，這是珍愛的表現，古人認為「行之以誠」才能「持之以久」，對於詩，古典詩、現代詩皆然，我們都有詩是志業，志之以真、持之以久的信念，因為「詩」的字源就有這樣的期許。

二〇一六年八月　鱻澤湖北岸

21　天風落款的地方

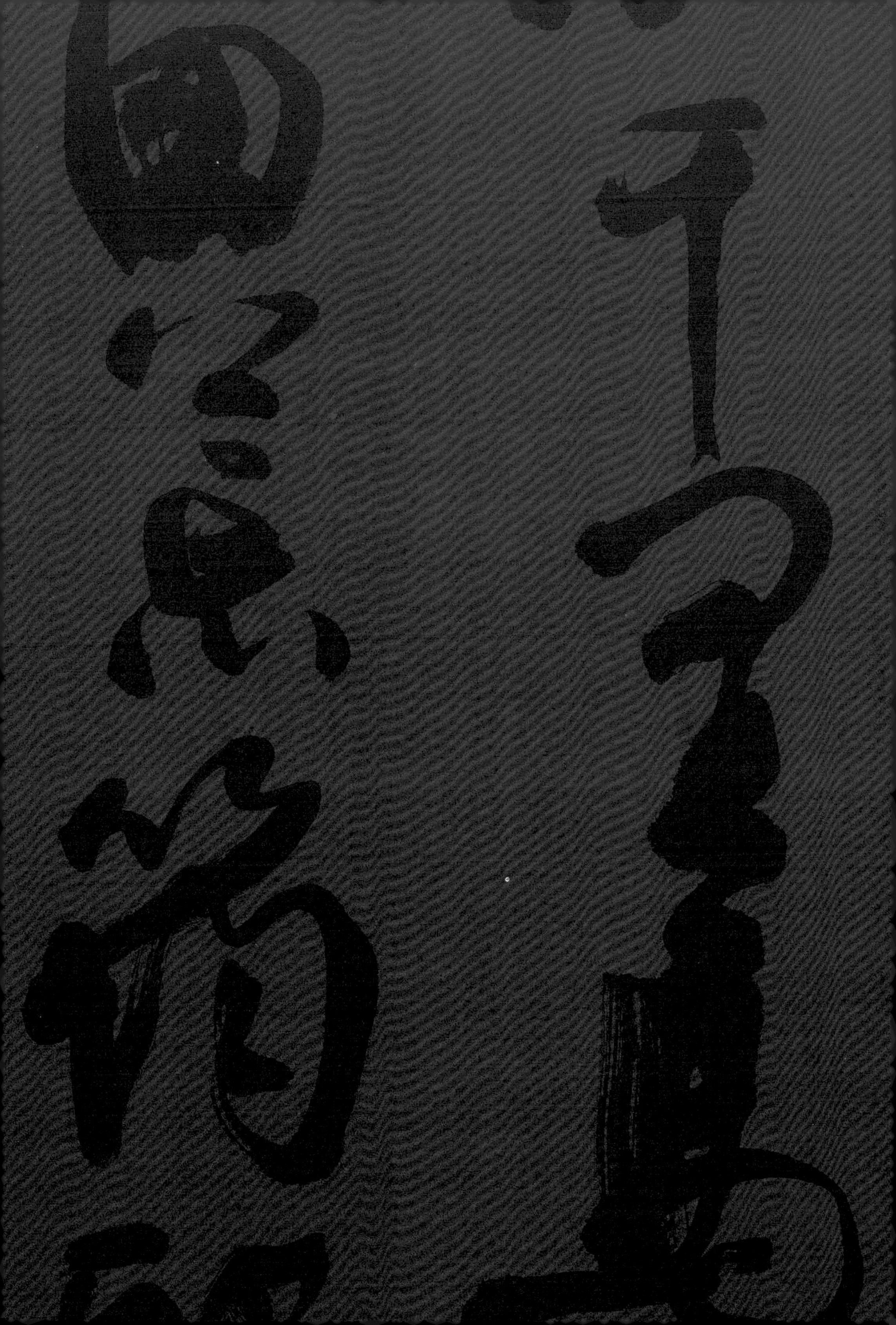

神不可測的老子指著深廣的楚地
合不攏嘴：上善呵！
上善是水

【輯一　詩原鄉】

上善之神——屈原的潤澤

山東的仲尼指著楚天的遼闊
說：那是龍
乘著風雲飛上天
弓箭不能追蹤，網罟不能追索
風雲窈冥飄忽裡
神不可測的老子指著深廣的楚地
合不攏嘴：上善呵！
上善是水

那時你背對著整個楚國的黑與冷
耳邊響起悲壯頓挫或韻或否的楚聲
心中一直滋長，滋長少年那棵獨立不遷的橘
喝，楚材豈能晉用！

睜眼卻是
暮楚未醒而朝秦已至
完整成套的九歌再也無所憑依不得歌舞
仰首只能問天
一問再問
天啊！一百零八個疑一百零八個憤懣愁思

而天門不開
離騷已經長到三百七十三句了
而頃襄王更遠

頃襄那楚王遠得聞也聞不到香草的清香

這時你選擇上善的水
汪洋一片或者涓涓數千數萬條水流

都是永遠的潤澤
潤澤數以億計生靈的喉頭與唇舌
一如你詩句裡的精靈
可以潤澤億萬生靈的心靈
這時上善的水選擇你
選擇將你的潤澤
送到心靈乾涸、土地皸裂的遠方
送到歷史的深處　發亮

2010.5.5

橘，詩人勃勃躍動的心——歌詠屈原

詩人與橘　同屬於芸香科
即使殘雪壓枝
猶自吐露驚蟄以後清淡的香氣
那是天地間立穩自己的嘉木
早早標定伯夷的志節
調整好呼吸
風狂雨暴也不會有一分釐挪徙遷移

枝幹褐黑，吸足陽光的莊稼漢
撐起一片屬於自己的天的晴藍
深綠有勁的葉子
透露著內心的堅持
封殺了腐敗的速度，也抵擋得住

排山倒海　那誘惑的密度

這山這水這土地
這橙這臍這詩人
甜酸多汁的生命源頭，詩的原鄉
多竅的心，多瓣的才智
越是殘雪壓枝
淡淡　淡淡的清香越清遠
心靈的芬芳直達歷史深處

2011.4.15

與屈原戲水

入江入海，屈原選擇水
維繫自己一生志行的芬芳與潔白
彷彿一心二葉委屈已久的茶葉
投入沸滾的水中既展且伸，而飛且騰
那江那海，頓然，就不再是那江那海
振盪而為全中華的茶湯
溫潤龜裂的心靈
濟世之願隨之轉化為遊龍之心
那是彰化西海岸戲水的白海豚
逍遙數萬里且游且騰，千年自在

千年自在，江河海洋深處我上岸為彰化子弟
八卦山腳與翁鬧相親、與屈家為鄰

以水意象為意象、水思維為思維
大而化之，這世界竟然可以
化而大之
戲水游世之心總是含蘊著淑世小願
漾著蘭草檀木的香氛
以詩，漾著一片水藍、幾點浪花的白
猶如彰化西海岸戲水的白海豚
逍遙數萬里且騰且游，入洋入海

2013. 5.20

詩的原鄉

離是騷啊！是百尺千里的愁騷，
是千門萬戶的煩、千門萬戶共同的憂
離開秭歸，你寫下〈離騷〉
以自己的身世預言人世——永遠的煩與憂
離家百尺是愁，離家千里愁加愁
離家一年心煩，離家兩年心憂，
離家三年，心是千鈞萬鈞的重
即使五月五，心是永遠涼颼颼的秋

驚蟄，清明，穀雨，連袂而來
大地節氣已改，詩人啊魂兮歸來

橘可頌，受命不遷值得歌頌

深固難徙兮，廓其無求
蘇世獨立兮，橫而不流
行比伯夷兮，千秋萬世清香的楷模
少年的你寫下了〈橘頌〉
預言家鄉與臍橙永遠的芬芳與豐碩：
臍橙九月枝條批垂
就像你的詩　意象繁複葳蕤
十月橙皮光滑
就像你的詩凝聚山水光華、日月的光華
歲末年初　果肉細嫩酸甜
就像你的詩酸在心裏
朗朗在楚人的嘴邊，秦人、天下人的嘴邊

屯余車其千乘兮，車輪對齊　並進長驅
駕八龍之蜿蜿兮，車上雲旗　招展又捲曲

回駕啊！詩人
臍是生命的源頭
橙，散發著生命與詩的香氣

離騷離騷，分離是千載又千里的愁騷
何不歸來，嗅聞詩一般橙橘的原香
因為你，我們認知秭歸是詩的原鄉
因為你，我們認知詩是人類心靈的原鄉
不僅李白與蘇軾的後人
更有惠特曼與雪萊的子孫
所有的詩人隨屈原歸來詩的原鄉
多少離散的詩魂、萎弱的詩魂知道振奮！

註記：

1．「不僅李白與蘇軾的後人／更有惠特曼與雪萊的子孫」為余光中〈汨羅江神〉詩句。

2．詩中另轉化屈原〈橘頌〉、〈離騷〉的楚聲，加增韌度。

2016.5.1

玉盤
間關鶯

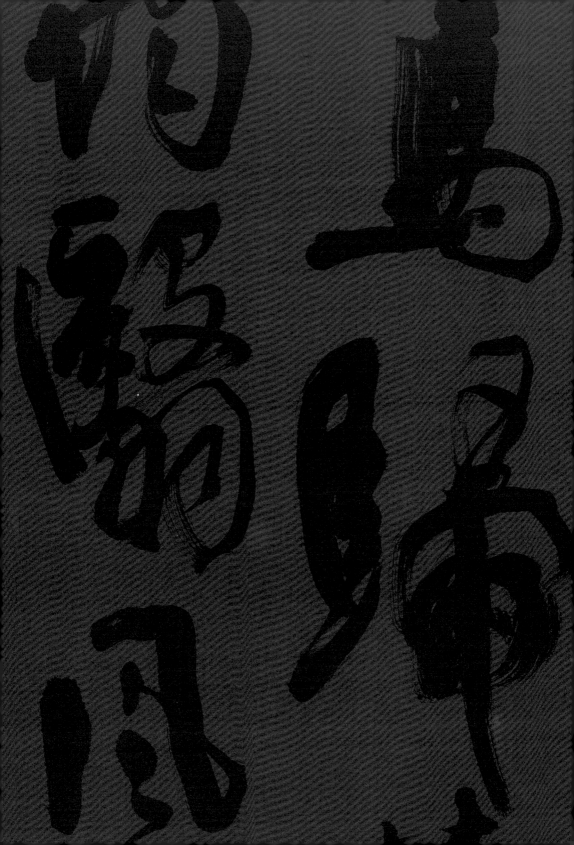

說好第三弦第八徽抹撥時
你要現身說「在」
為什麼高山流水都已進入大海
你還未投胎？

【輯二　琴音遠】

古琴村的老樟樹

一

淙淙而來的是溪水的過去

老樟樹不止聽取
那一磊磊波折的河石
那一節節急轉的河灣
那一段段開闊的河床
老樟樹還聽到
高山的心臟所吐出的瀑布聲
時間的氣管所汲引的呼吸聲
那平野的肚腹舒舒坦坦的夢

潺潺而去的是溪水的未來

二

融融不斷瑤琴那七弦

老樟樹最是喜歡
縱落的水流
裂帛一般的千軍萬馬
老樟樹也讚歎
定靜的星空
展布宣紙等待毫端的怡然
情人的絮絮叨叨
不盡的風雨滄桑、峰嶺田疇
老樟樹最期待
靜靜闔上三國演義、史記、漢書
遊子返家的腳步

融融不絕玉琴那十三徽

2015.4.2.

約定

說好第三弦第八徽抹撥時
你要現身說「在」
為什麼高山流水都已進入大海
你還未投胎？

說好風來楓樹顛
你要隨風說「愛」
為什麼琴聲漸杳人生漸遠蟲聲漸稀
你還心竅未開？

2015.4.3

在第七弦的弦音中相見——聽錦冰彈奏古琴

高山是老樟樹的伯牙
磊磊的山石從遠處就開始一抹一挑一剔
像風穿過泡桐木淡紫色的花心
老樟樹張開嫩綠葉片仔細審視、諦聽

我坐在離古琴一縷香的蒲團上
操縵的手輕輕撥引撚弄
那琴音像凌晨的星，那麼靜那麼遠——那麼低沉
低沉得要在第七弦七吋的地方才聽得見
聽得見你隨琴聲召喚，像流水那麼堅持
風定了，香遠了，花——落了
我還聞得到花離開花托那不捨的聲息
離第七弦七吋的地方

流水那樣堅持

我不一定是你的鍾子期
卻張開所有的毛細孔吸納泡桐花淡紫色的香氛
在無限盪開漣漪的音波天地
翔飛著尋你——無盡的春

2015.4.6

抱石樹與素心人

三百年了，我抱著一顆石頭
張望五色、五音
如你以琴為心，調弦也調息
從不放下方寸毫釐

高山高，可以高到諸子百家爭鳴
流水靜靜的流，那麼容易流入人心
我們共有這地、這天
長風，淡雲
懷抱中的巨石循著琴音進入他的夢境
我隨著夢，千里——萬里——輕盈

2015.11.27

龍人古琴村的雲

龍人古琴村的雲將心事，潑墨一般
一股腦兒丟給了山
山穩穩實實坐成一幅大千墨寶
在遠遠的天邊　看雲輕悠
笑著

我依傍一灣溪流
水帶著她的粗弦細弦
曲曲彎彎繞過明朝的老樟樹
就在左後方
一頭想像的老牛　看雲輕悠
反芻著

2015.12.25

潤心式——古琴八式之一

那細細的七根弦是連天通地的雨絲————
不論雷或霆，起或藏
都能讓烏龜的硬背殼長出五穀雜糧
讓愁與怨有著自己的津液、歸向
短短的是嗔長長的是恨，都換上新肚腸

雨絲如膏又如綢
迎著風，翻新了松濤與稻浪

2016.5.1

通神式——古琴八式之二

撫琴時全心全意專注在指尖
要剔？要挑？
還要注意拇指與食指形成的空間
寬宏的龍眼或謹小慎微
那鳳眼，暫時遠離了山遠離了水、遠離塵囂
遠離喜悅、飛塵、歡叫

凝神。在神的天地與神會通　久久一朵微笑

2016.5.2

融真式——古琴八式之三

伯牙如果不是從蓬萊山聽得潮浪汩沒之聲
如果不是獨對山林杳冥，體會孤絕自有孤絕的律動
能讓皇帝座車的六匹馬
不吃草料，仰首聆聽琴音嗎？

山水召喚，巧心巧靈始終呼應
是因為頻率交融，是最原始的那一點真　相互擊發
我們伏服在高山流水聳立之前、奔競之後

2016.5.3

留淳式——古琴八式之四

積累三十年、五十年的心思
勝過我們讀了又忘，三、五十部經典那麼重
就像錯過一心二葉的嫩芽
厚實而深綠，幾經烘焙還是鬱鬱不得解
減吧！減除冗枝，減除贅瘤
削啊！削去不必要的肥腴擔憂
留下細瘦七弦，已經足夠彈撥仙子的騰跳飛旋

2016.5.4

涵天式——古琴八式之五

琴音淡而遠去之處是天風落款的地方
海鷗白鷺任意散步在船頭、在沙灘
或者靜靜佇立，不計畫未來

有時盤旋而起，如一朵容與的雲、徘徊的雲
我們在琴音閒暇時進出
人鳥不驚
不知是雲天涵容了我們還是我們涵容了天地

2016.5.14

探玄式——古琴八式之六

廣陵散一散，我們去哪座竹林
索聞生命的玄奧？
去哪座深山坐等明月，不合規格的長嘯？

廣陵散那一聲散啊——

我們去哪座深山坐等清明，不合時宜的長嘯？
為了索聞生命的玄奧
廣陵散一散，還有哪座竹林夠深夠密夠琴音清撩？

2016.5.16

入安式——古琴八式之七

風起時，我們的心住在哪個角落？
鳶飛戾天，世界也跟著升上雲那頭
安頓好一顆心不比安頓一座海來得容易

且焚好香，且調素弦

我茶缽端正，心穩了
你素弦一撥
眾鳥收斂翅膀，靜靜棲息在我們的窗口

2016.5.17

回凡式——古琴八式之八

琴聲漸漸杳、渺，臉色漸漸回復人間煙火味

循著最後的尾音，我們知道這次第仍然需要
與狼共舞，仍然有劍戟有冰山有芒刺，在手
在背在父母慈愛所不能及的地方，荊棘崎嶇
顛簸，陽光空氣花和水都在，酒在，狂在，
酒狂在，善的循環在，循環再循環，我們仍
然是布衣裹身，仍然是血肉之軀護衛著靈魂

2016.5.18

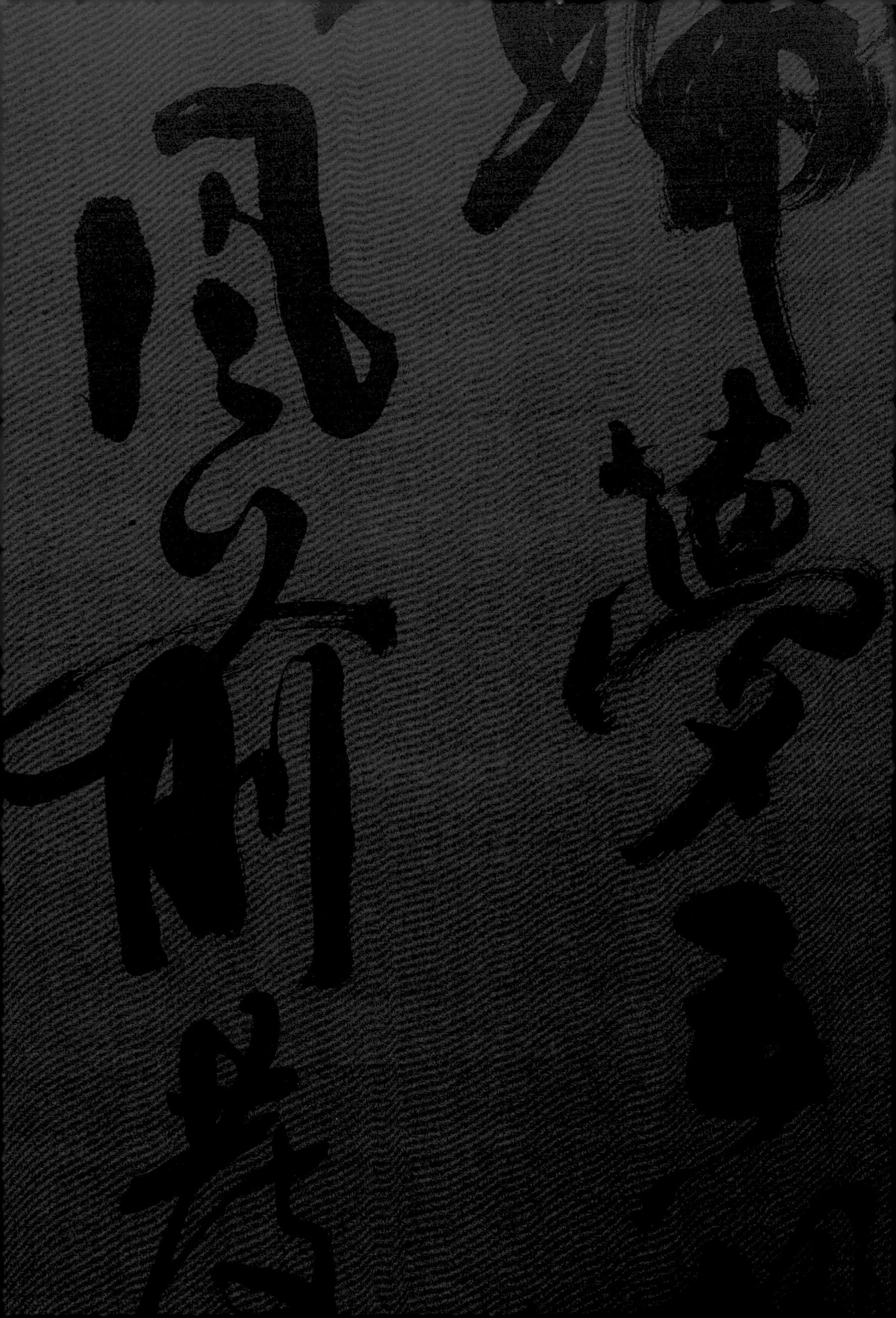

微塵落地為灰、為塵、為泥
風之手一揚
且飛且舞
霾葬了自己，在萬千萬千微塵眾裡

【輯三　常生活】

鏽壞與燒毀

繞著眼眶流轉的年歲與淚水

想起雙腳曾經踩踏的　荊棘
　刺入腳肉而無聲
　滲出紅色血珠而無聲
戲稱是皇皇冠冕押上頭頂
仍然尖針的荊棘，惶惶的荊棘啊！

沿著臉面丘陵流下的四月汗水

確認了花不一定要在眼睛讚美後凋萎
茶葉卻是萎了，凋了，柔了，軟了
還要烘之焙之，使其硬脆
還要　沖上興奮到 95 度的山泉

才獲得唇舌嘖嘖以對
而茶渣
——茶海裡集體浮沉飄墜

曲折在額頭頸項流淌著的血水

出不出埃及，那是昔時
自轉公轉也迴轉不出命運的賭盤
那是今日
那是看不見的遠方、生之原罪
額頭頸項間流淌著血水
也絕不願讓自己在暗黑裡鏽壞
寧願燃燒而盡，無風而飛

2015.12.23

微渺

所有的果實都纍纍，纍纍在枝枒上
所有的精子都喜歡鑽動
從成為生命的那一刻開始
生命就急於擠壓自己
造就另一個生命

微塵落地為灰、為塵、為泥
風之手一揚
且飛且舞
霾葬了自己，在萬千萬千微塵眾裡

2016.1.1

螞蟻蟑螂蚊蠅的連續劇

很多螞蟻蟑螂蚊蠅是忙碌的
忙於校正綠　不能墨綠
忙於防止藍　藍成青天
忙於用自己的顏色訕笑橘子的皮
忙於用自己的冰訕笑火

很多自以為是的愛也這樣模仿忙碌
而忙碌正忙著學習自以為是的正義

2016.1.2

你夢中的斷章

如果我出現在你的夢中
而且流了淚
那是你的想念
還是我的
紓解？
如果你從來沒認識過芭樂的硬實
或許我還會　繼續
繼續在你的夢中看著我流淚

2016.1.3

石鳴

鳴沙山的沙鳴聲
一直縈繞在我的右耳右前方、左耳左後方
如獅之吼
如雷，在黑雲裡悶悶地響著、滾著、動著
只因為我心中有著放不落的石頭
　不能不翻身　那纍纍疊疊放不落的石頭！

2016.1.4

心的演義

你的肉體是一首簡稱五絕的五言絕句
該押韻時必然和和諧諧
該絕處，絕。

相對於肉體
相對於乳峯一般　懸崖之絕
我喜歡你的心
——靜靜可以思索的長篇三國，演義又延異——
七竅，時時可以咀嚼

2016.1.6

發呆的生命

所有的計較
看來好像是以數字在加減乘除數字
正之
或負之
其實卻是自我生命的虧損

不如——
對著一墩大山或者一滴清清淡淡的真水
發呆，具體而真實

2016.1.8

思念遙遠

思念遙遠的母親的乳香
思念路旁野草、野草莓
思念大鵬展翅後一直後退後退的天空
思念鞋底那一粒小細沙
思念老子隨水流向東海
或是隨雲逍遙成莊周或莊周夢裡的蝴蝶

思念如果忘記思思念念
那你，會在天哪一邊
篤定思念九層塔

2016.1.10

讀不出的跡痕

你出生時那哭聲
記錄著驚天動地一場撕裂
　記錄著長達九小時的哀嚎
那痕
誰曾平撫？
那跡
誰能重回？
永遠讀不懂的　不管是誰的　哭聲後的人生

2016.1.14

讀書讓心尊貴——為二林高中賈宓圖書館而作

書像降落傘
打開了
可以安全降落在生命的土地上

書像種子
打開了
造就生命的根莖葉
成全了自己的奇花異果

書就是心
全然打開吧！
天地風雲雷震轟轟然衝進來
我們　悠悠然走進異次元世界

2016.2.20

不用問

不用問
香，屬於桂多一些蘭多一些
還是深山百合多一些奈米質量
第三泡以後
不用問　為什麼又加入了陽光
在你心中放閃　為什麼也加入了露珠
在你耳邊燃亮
不用問　天地的清光
人間的溫潤
如何乘著雲氣逐一拜訪
喉舌深處微血管深處神經末梢深處
逐一晶瑩剔透　逐一飛翔

不用問
穩穩然坐在茶席邊的仙子
若不凝神轉注則生命將一無所有
那會，那悟
拙笨的言語說不得
靈巧的唇舌說不得

附記：「不用問」，屬武夷岩茶當家名品，為福新問茶所獨有，產自馬頭岩茶區，陽光、折射、濕度皆適宜，才能產出，產量稀少，一年不過十斤，有時好幾年未有成品，相當珍貴，茶師葉福新手製，命名「不用問」，其精妙處可謂「說不得」，今年三月，初品此茗，因以成詩。

2016.3.17

我是金陵的孩子——賀金陵女中創校 60 周年

給我一張素白紙
月光一樣素白的紙
我要在上面繪製藍圖
朗朗的天日，紮實的后土
我是金陵的孩子
還你一首詩
一首搆得到屈原額頭的詩

給我一段翠綠青春
稻田一樣翠綠的青春
我要在上面載欣載奔
善良的靈魂，堅卓的熱忱

我是金陵的孩子
還你一顆心
一顆到得了上帝心中的心

給我一片遼闊
海洋一樣的遼闊
我上下翻騰左右墾拓
紫色的花朵，快意的灑落
我是金陵的孩子
還你一曲傑作
一曲傳頌全民嘴邊的傑作

2016.6.26

牛角灣的星沙——馬祖行之一

那點，在上漲的潮水中亮著
就會在你的心上，亮著

那點，在興奮的沙灘上叫著跳著
就會在你的愛裡，飛著騰著

那千點百點的藍星
在你腳底一抹細沙時閃爍
就會在白靈朋友群的詩作中　閃爍

那千點百點的精靈
在你情義的邊界外灼著燒著

就會從牛角灣的懷裡
向遠天投射　灼著燒著的光

2016.7.1

星沙的聯想——馬祖行之二

有多久了
牛郎織女們也忘了自己有自己的星河

有多遠了
我們竟然忘了回到唐朝探望童年的星輝

有多疏離了
心與星的距離是光年千萬的距離

有多荒弛了
星與沙對望的念頭沉沉不起

有多少歲月了
星沙仍然從海上來與你微笑照面又照面

2016.7.1

介形蟲的星沙曲——馬祖行之三

雲端的星只用眼睛，張望東張望西，不知如何下凡塵，為你圓夢、圓心事、圓情意；曾經是巨岩如今散成海底的細沙，留著圓滾滾的腳，滾過來滾過去，他不會為你你也不會為他疼惜身軀。

不是星不是沙的星沙啊！

那夜裡的藍水晶，那一臉無辜的眼神，要在我夢的沼澤裡滋長什麼樣的水草，在我光的系譜上添增什麼樣的因緣？

不是沙不是星的星沙啊！

我會在藍色的水光中騰躍蹦跳，會在月色裡沉入一片靜白，會在許多人的夢中無來由地為你忙碌。

2016.7.2

刺鳥的咖啡晌午　戲雄哥——馬祖行之四

坐在這裡只適合喝茶——其實不喝心也靜定，停機坪、航空母艦都可以任他荒廢了！十歲以後我已不跟世界爭辯，雄哥，既然蕭規曹隨，你又何必跟大海喝咖啡爭是非，消瘦得像屈原了，還要爭取最後勝利？

刺鳥的故事是南歐南美南非的傳奇了，你的南竿的牛角灣不過是天地的蝸牛觸角，偶爾伸伸，碰碰海風，偶爾轉轉，探探浮雲，最後勝利的說不定也不一定是眼前這一片大海。

附註：馬祖前文化局長曹以雄退休後，在牛角灣前左側租借軍事堡，改裝為「刺鳥咖啡獨立書店」，擁有一大片寧靜的海域。

2016.7.3

馬祖西尾境——馬祖行之五

就像所有的愛情
都承認我是最西最尾最後的谷底
所以才被認為是「愛情」，至傻至真
馬祖西尾境那樣自在地等待　落日

就像所有的愛情
都不堅持我是你永遠的太陽唯一的光
所以才鋪滿紅糟色的彩霞孕育著未來
馬祖西尾境那樣自在地等待　旭日

2016.7.4

那鹿只回了一下頭　大坵島所見——馬祖行之六

那鹿只回了一下頭
不比風從樹梢踅轉多費一點周章
不比樹影隨太陽挪移多那麼一寸長
從那時
他篤定望著自己的遠方
不再理會我攝影鏡頭壓低的喀嚓聲
不屑於我眼神裡的驚疑
　自以為聰明地張揚他的驚惶

那鹿越過我的肩膀篤定地望著自己的遠方
十八公尺外偷窺的過客
五十年前祖母噩夢裡的礮與槍
灼人肌膚烈烈夏陽
都會溜下山崙、山丘、山崗

都比國境之北更北
比想望的遠方還遠還荒
至於愛情突然
水與乳一般　不會相撞
水與油一般　不用相撞

那風可能吹落樹葉，落葉可能飄下海
那海初一十五掀開不同的浪
那浪可能鼓盪你忽冷忽熱的心腸
那鹿篤定
只回那麼一次頭
爭取最後勝利云云
自有冥頑不靈的石頭去承當

附註：大坵島位於北竿北方，與小坵島相連，與高登島相鄰，幾乎是無人島的海角樂園，只有梅花鹿野放在此，駐而不守。

2016.7.5

依賴幼年一棵桂花的香息

據說滄海不可能只是滄海
隨父親種田時彷彿也有暈船的感覺
如今我穩坐山峰一角
看渺小如沙礫的自己翻滾在風沙裡

全部的生命只依賴幼年一棵桂花的香息

2016.7.24

七十歲那一年

我已經放縱我的心在無邊的荒野奔馳
六十年，七十年了
跟花一起香過，也萎了
跟月一起懸天了，也墜入過很多人都墜入的海平面

鳥在我的山谷或樹顛鳴叫，且悲著我的悲惱著我的惱
黃著我的黃
堅持不講髒話，不計量愛與海、你與我誰深誰開闊
卻也鳥一般找不到規矩
不知什麼叫逾越

2016.07.27

沒有夢的他的口袋

天邊的烏雲還在打擊你多少年前留在蒙古草原抽長的影子，
那影子是真人立牌的九倍長
原本要送他胖丁
我看改送沒有夢的寶可吧！

2016.8.30

他走向他的雲與泥

當夕陽紅著自己的臉沉入三十六個大島小嶼、勉強立足的礁、
礁上不偏不倚的鳥糞與烏雲
澎湖的水救不了他
金門的水早已釀了高粱
不等夕陽，他走向他的雲與泥

2016.8.31

其實非真實

其實我不喜歡談後來
後來，你不喊老公老公了
——十年前二十年前你會相信嗎？
後來，你死了
——這是真理，但你不認識死也不認識真理
後來，你認識真理了
——你也回歸了真理

我也不喜歡談現在
現在，存在過但已不存在了
——奈何奈何
現在，已不是你說的那個現在了
——如何如何
現在，晚上 10 點 56 分 41 秒

——那又如何

我更不喜歡談過去
過去都過去了
——為什麼還要跟他過不去
過去他可能是一個純真的小孩
——如果不過去，他仍然純真如你
——如果不過去，不是冰也不會處處讓人家打顫

壓根兒我不喜歡時間
他要你成長也要你跌倒
他要你成功也要你老
我不喜歡空間
最早的哭泣在水的懷裡
最後的微笑在火焰中
我只喜歡人世間

望著天，我可以不喊：天啊！
望著人，我可以不喊：人啊人！

2016.9.28

行草悟道

最初，我們是凡常的人
剛從一家創意美食餐廳走出來
行　草悟道
準備要去好幾層樓的書店挑選好詩
像一對初戀的情侶
心或許繫著心，手卻怯怯不敢牽著手
遠方的雲在牽扯著的　中　字的上頭
牽扯著

淺淺淡淡的水聲模仿著自然的河流
保留十七歲腰的曼妙、蝶的飛舞
學習蘇東坡的文勢在水雲間自在流自在行
學習太極圖的中間軸線優游兩極而不及於兩極

學習師父那顆心，密時不通風
寬時可以跑野馬
容留許多白，也容許揮灑各種顏彩
該斷處
斷

斷處會有乾筆引著看不見的情　牽絲連帶
方折處可以圓轉
藏鋒與露鋒，進退協商有氣相噓
重捺時不妨輕輕長點
這時爵士樂在草地上吸引年輕的眼睛
鄉土民謠拉長了長者的耳朵
行草／悟道
我們隨勢生詩，牽不牽手都可以走上一生一世

2016.10.2

傳承

阮爸爸講：不通驚烏
人曝烏，是真正咧打拚走從
墨磨乎烏會當寫好看的毛筆字

所以我說不要怕黑
天黑了才有星星可以許願
世事混濁了才知道誰是沉淪的人
光會從哪裡開始亮
就因為入夜了，偶爾可以發呆

阮爸爸講：咱不是牛，做大誌不通拖拖沙沙
稻子予風吹歪腰，即時要將伊扶乎正
若無，稻子袂結穗連鞭變草綑

菜葉子蔫去，隨時挽掉
新穎才會發芽

你看大自然不就是立即顯影
人在水邊，你探頭就看見倒影也已探頭看你看他
何曾畏怯
他一上高鐵，你的思念就長出翅膀隨著飛

爸爸講：手腕擎起來才袂澹
老和尚說：餓了就吃，困了就睡
想想，今天的太陽還是從西邊沉落
似乎我也不用跟孔子一樣多說什麼
只要寫寫詩讓你沉思

2016.10.25

冬日啜品［不用問］——兼致蓓蓓

一朵雲＋一朵雲＋一朵雲＋一朵雲＋一朵雲
恰恰等於
天邊　一朵雲
絨毛初生

細雪紛紛飄
紛紛
欲醉而未醺
欲狂而未向膽邊萌
弦初調
琴音還在指間搜尋

搔　輕輕
微微　癢在皮膚三寸遠的空氣裡　漾

不問萎凋的茶青
不問剛剛點燃的線香
不問霧與嵐
不問唇與吻
不用問杯沿與山巔

2016.11.21

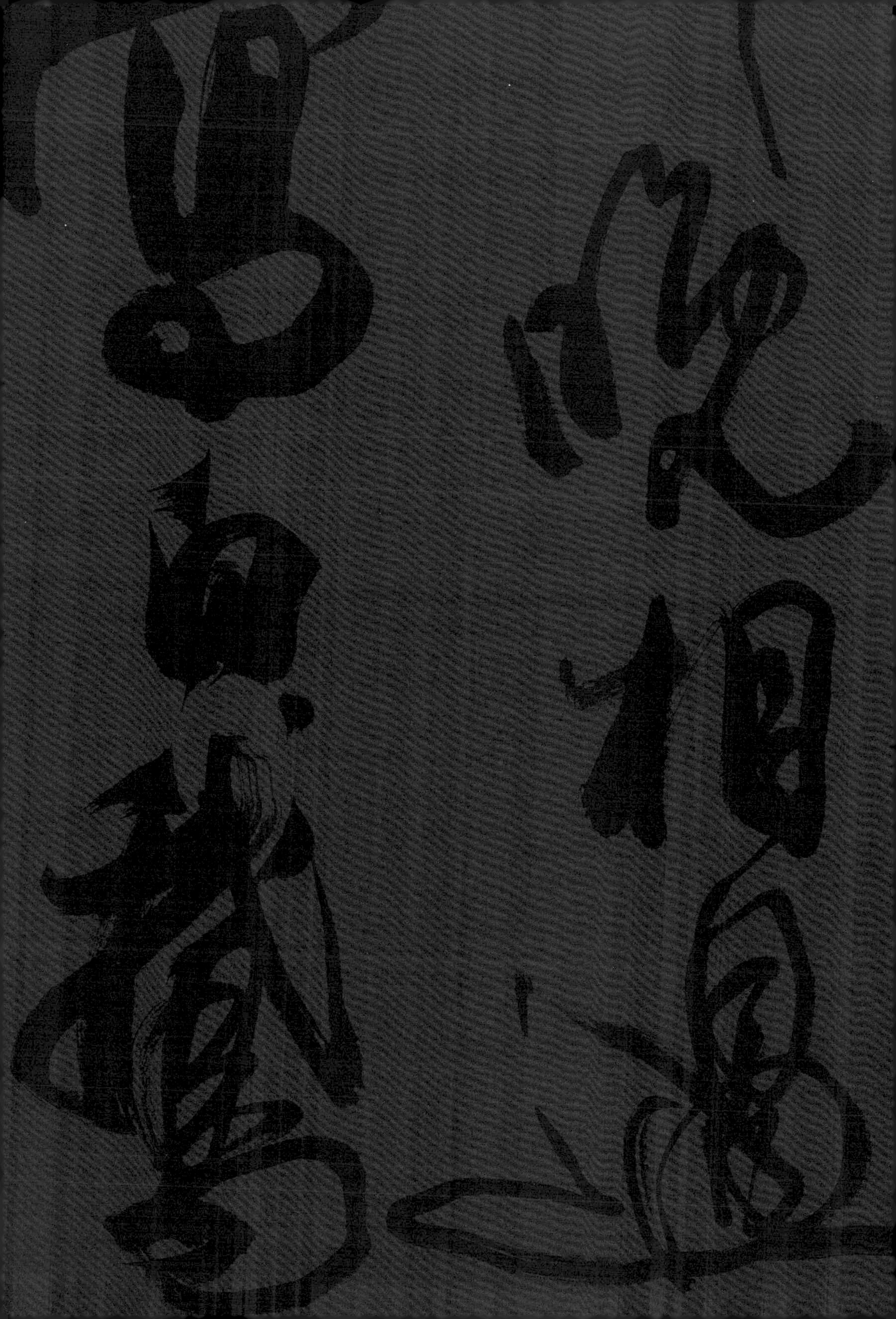

所以不連續處都可以開一朵小白花小紅花小小玫瑰
或者
小小石子

【輯四　雅意思】

你到不了的遠方

海面到沙到岩或泥的距離，可以聽見鯨豚的呼吸
稱之為深
地表到山巔到你的視線
稱之為愛
從繁華到潰敗從潰敗到清寂呢？

從芽到苗
到你不曾到過且安過的那顆
西施捧過的　我的心
或許就以點燃的檀香去丈量吧！

2015.7.22

一白與眾采

渾沌中掙出
一點白
水流花香了，風雲有了顏采

2015.8.11

不如空與無

具足了九彎十八拐的審慎心腸
具備了五湖四海那胸懷
具全了福祿壽三星、天地人三才
不如天寒地凍一枝早梅
不如輕輕一聲嘆息——之後的　空與白

2016.1.12

天地長寂

我可以鸚鵡學舌一般學大氣之磅礴學細流之涓涓
學嬰孩之無心而笑　學木之迎風而蕭蕭
　　蕭蕭
但我如何模仿模仿得來夕陽的無語你不怒的威儀
如何如何模仿
天地之長寂

2016.1.22

不是風不是水

舒展開來的我的心　風可以任意穿透
水可以放心流放心淌放心嘻嘻笑笑
是紅是白那麼容易辨清
當你一用心把我當作真命天子一跪拜一叩首
你就完完全全不是風不是水
不是我不是你所熟稔的

你

2016.1.24

不連續的地方

那
迤邐而去的八卦山脈那綠或者那青黃相接的
葉與果其實就是一冊冊歷史書一冊冊
地理誌一冊冊
大地的不連續日記不連續的夢
所以不連續處都可以開一朵小白花小紅花小小玫瑰
或者
小小石子

2016.1.26

悠閒著

莽莽山林莽莽蒼蒼的天在遠方　潑墨式地黑著
不為什麼的花開著野著　悠閒了好幾個
日夜　好幾回更迭

2016.1.28

尋常巷陌

漫天烏雲裡我讀到一閃光
漫天白雪飄飛後的世界當然會有人讀到
幾個窟窿或者不測或者叵測
亦或是閃光們也可能讀到奧秘之類的平常
非非常飲食小事
通常也不過是尋常巷陌　尋常
人家

2016.1.30

一塵相染

剛剛掃得窗几明淨　剛剛
又飛來一塵
相染

那一微塵
是香氛已盡的春泥　是我
放不下的虛華前身？

2016.2.2

沒有盡頭

當花朵離開花枝那是凋零嗎　當花香消逸
化為無聲之屁那是絕還是滅
當花瓣枯萎腐朽化為
氮　那是死神最後的笑容嗎
香芽爆生　死神又在那裡乾笑獰笑或者只是
笑？

風飄
來又飄去

2016.2.4

兩極之間穿梭

衝入生命震央的那個時候　可能無災無殃可能地毀
石破
餘震可能一波接一波也可能
不能預期的巨大撼動在後頭

你在南臺那一頭悲欣交集
四獸山柔順俯伏廣欽老和尚無啥大誌
渺小的螞蟻在其間穿梭

2016.2.6

不願成佛的石頭

為了聽你行茶入杯盞的珠玉聲
我繼續荒蕪如一部未被持誦的佛經

瀑布捶打彷彿其一二
彷彿一二，也就八九不離十啊！

2016.8.2

契

遠遠望著你的眉　張揚著威儀
卻也希望那是慈祥的青鳥帶著我飛翔
專注凝視你的眼　懂得顧盼
卻也希望那是深邃的井時時帶給我清涼

側過臉頰看見你的雙耳　善於辨音聽理
那是順風系的雙耳不記掛我的幼稚與幻想
端端正正你的鼻　嗅知方圓形體正氣與晦氣
既不要我迴避惡臭也不要我追逐馨香
緊緊閉緊的嘴舌善於談說　如今不說
讓風與溪去說讓雲與月去演讓松濤不停不停地講

我在百千年後契知你的心　契知古今而不分古今
秦時的明月漢時的關　漢時的明月李白的霜

2016.2.6

以後才開始

杯子是在模擬兩手掌接合而無縫隙以後才開始圓潤。
那杯墊呢？
我是在模擬白雲任意滑動卻能使藍天更有笑容以後才開始神清氣爽。
那魔鬼呢？
記憶是在模擬案發現場且拉起塑膠繩以後才開始有了昨天的黯沉。
那智慧和他的兄弟呢？
杯墊是在承受陶土的體重茶湯的熱度以後才開始覺察人生的不如意
不一定橫空而來。

那玻璃杯裡的空氣呢？

2016.8.16

心亮著

鳥飛過天空從不知道自己振翅的英姿不曾在埤塘也不曾在大海留下倒影。
所以，天，空著；海，笑著。
所以翅膀仍然輕盈。

灰塵飄過天空從不知道這裡翻滾不免於那裏墜落，這裡沾染不免於那裏蛇鼠。
明眼感知了；盲眼也感知了。
所以腳印應該輕盈。

2016.8.28

獨孤不求

生命的音樂讓人記掛何時減了撼動消了音，鳳梨花開、母親的叨唸
都在秋天來了以後走入林蔭深處
我，竊竊私語
日出的嘆息何其孤獨

日落的嘆息像紅通通的醉漢一頭撞進浴缸，嗤的一聲沒了菸蒂餘燼
我不等待
你重新燃燒的第一個春暖第十六個秋信

2016.8.29

一朵花

一朵花，僅僅能確認是「一朵花」。
不涉及陽光，空氣
不涉及蜜蜂
不涉及高鐵的速度
那時，我在人間漫步——僅僅是漫步

2016.10.9

一粒憤怒

一粒憤怒奴役不了一顆心
心，就不只是心了
心，活得像一顆心臟
前面的道途何處不是江湖！

2016.10.10

身體就任他像枯木

身體就任他像枯木，長木耳長蘑菇
朽的是時間，不朽的是歷史

朽的是這一節枯木
不朽的是時間

2016.10.11

拒絕及時雨

拒絕及時雨吧！
你的枯萎只有你的淚能滋潤
我的淚一直都流在我腮邊

2016.10.12

十六步一網夢

離開你十六步
剛好可以張開二十三吋的一網夢
我在夢中，不用計不用數

2016.10.13

四面佛

四面佛不設四面牆
八方來八方去的是你心中那一蕊花紅

不跋千重山，不涉三丈潭
讓我的詩直直走進你心坎

2016.10.16

廢詞練習

我走過四根竹管鋪成的獨木橋
橋身搖搖晃晃只發出兩個單音：
死／摔／死／摔／死／摔

沒有人敢否認
橋不會摔死，人才會摔死
橋身搖搖晃晃只發出兩個單音：
死／摔／死／摔／死／摔

2016.10.20

雲瀑

原以為所有的公雞都會抖動自己的雞冠，所有的水氣都載奔載欣，
你卻讓我看見雲，雲的腳力雲的筋，因嶺逼近谷翻身而下以至於廣
漠悠遠的琴

2016.11.12

豆豆龍

你的豆豆龍是擁有肥肚的豆豆龍，可以在他的肚子上翻滾、安憩，想像雲彩。我的豆豆龍是實實在在的水從裡到外洗滌我洗滌汙穢，實實在在的風進進出出讓我看見自己，可能的肥肚，可能的雲彩。

2016.11.14

小葉欖仁也有他的春天

小葉欖仁嘩啦嘩啦，懶人一般
放棄可以觀音的千手、千眼
放棄甜
你還緊緊抱著抱枕　依賴那一床大被
還沒聽到春發出的
磨牙的聲音？

從他每一個過敏的胳肢窩
每一個綻開漣漪、漾出笑意
這裡呼那裏應的酒窩
從他前世
前世愛人溫暖的被窩

前、前一封情書那隱藏的蜂窩
如此這般肆意地放棄千眼、千手
不用觀音——你也不用觀音了
不必揮一下手張羅
更不需要努力　放一次屁
春意點點暈染了天的那一張臉

小葉欖仁是最懶最懶的那個人
卻從每一個胳肢窩、酒窩、被窩、蜂窩
放送春天喧鬧的綠色聲息
挑逗不常笑的山、岩石、鋼鐵、熱浪
婀娜著常婀娜的風

2016.11.18

代宋元思覆吳均書

風煙具淨，沒有塵霾
我在你信中的水流裡任意飄盪
剛剛飄移過
游魚細石可以直視無礙　那一節
舒緩
此刻正要通過

甚於箭的急勝過高鐵的快的急湍
夾岸寒樹都成墨塊
無法在張大千筆下飛轉
我無暇衡量它們的重量重於鐵器還是劍傷

蟬還是一樣的蟬，依樣千轉不窮
猿是另一種猿，卻也百叫無絕
我不是鳶飛戾天者
仍然有那麼多那麼多
得可意事的利，失可意事的衰
不見前的排撥、不見前的讚美，那樣的毀與譽
現前的讚美、現前的排撥，那樣的稱與譏
逼迫身心的苦，悅適心意的樂
那是多少的風　震盪著浪撲打著船

望峰可以息心的我
如今正望著這撲打的風
學習如何縮小自己滅滅自己
讓風流過我的身我的心

流過山谷、都城、厚重的恩仇、積壓的歷史
忘了你的齊你的梁
忘了我，姓宋還是朱

2016.11.19

附：原書

吳均（469-520）：〈與宋元思書〉

風煙俱淨，天山共色。從流飄蕩，任意東西。自富陽至桐廬一百許里，奇山異水，天下獨絕。

水皆縹碧，千丈見底。游魚細石，直視無礙。急湍甚箭，猛浪若奔。

夾岸高山，皆生寒樹，負勢競上，互相軒邈，爭高直指，千百成峰。

泉水激石，泠泠作響；好鳥相鳴，嚶嚶成韻。

蟬則千轉不窮，猿則百叫無絕。

鳶飛戾天者，望峰息心；經綸世務者，窺谷忘反。
橫柯上蔽，在晝猶昏；疏條交映，有時見日。

蕭蕭新詩書目

1978.06.《舉目》，彰化，大昇出版社。ISBN 無
1982.01.《悲涼》，臺北，爾雅出版社。ISBN 957-639-010-9
1989.07.《毫末天地》，臺北，漢光文化公司。ISBN 無
1996.03.《緣無緣》，臺北，爾雅出版社。ISBN 957-639-196-2
1998.07.《雲邊書》，臺北，九歌出版社。ISBN 957-560-541-1
2000.02.《皈依風皈依松》，臺北，文史哲出版社。ISBN 957-549-265-X
2000.04.《凝神》，臺北，文史哲出版社。ISBN 957-549-284-6
2000.05.《蕭蕭．世紀詩選》，臺北，爾雅出版社。ISBN 957-63-9291-8
2000.09.《我是西瓜爸爸》，臺北，三民。ISBN 957-14-3297-0
2002.06.《蕭蕭短詩選》，香港，銀河出版社。ISBN 962-475-162-5
2007.12.《後更年期的白色憂傷》，臺北，唐山出版社。ISBN 978-986-7021-80-9
2008.10.《草葉隨意書》，臺北，萬卷樓圖書。ISBN 978-957-739-640-2

2011.03.《情無限．思無邪》，臺北，釀出版，秀威。ISBN 978-986-86982-7-7

2012.12.《雲水依依》，臺北，釀出版，秀威。ISBN 978-986-5976-89-7

2013.03.《月白風清》，臺北，釀出版，秀威。ISBN 978-986-569-691-7

2015.07.《松下聽濤》，臺北，釀出版，秀威。ISBN 978-986-445-020-6

2017.01.《天風落款的地方》，臺北，新世紀美學。ISBN 978-986-94177-0-9

書法家　林隆達

林隆達歷任國立台灣藝術大學圖書館館長、書畫學系教授及總統府客座撰書等職。台中大甲人，一九五四年生。曾獲全省美展、全國美展首獎，高雄市永久免審查、南瀛獎、中山文藝獎、中興文藝獎及吳三連文藝獎等獎項殊榮。其書風靈巧不羈，悠遊楷、行、草、隸、篆各體，又潛心書藝修行，迭創新局。吳三連文藝獎評定書中評述：「篆書淵雅古勁；隸書遒厚樸茂；楷書整斂秀潤；行書則飄灑酣暢而饒韻致，其以黃白泥金所書小字金剛經手卷，端嚴靈動，別具風華。『微書系列』雖細如蠅頭而神采動人，尤為精勁，堪稱絕詣。」林隆達近年精進禪意書風，道法自然，回歸樸拙渾厚，開啟書道新象。四十餘年書藝創作生涯，成果豐碩，自國立歷史博物館以降，展覽無數。

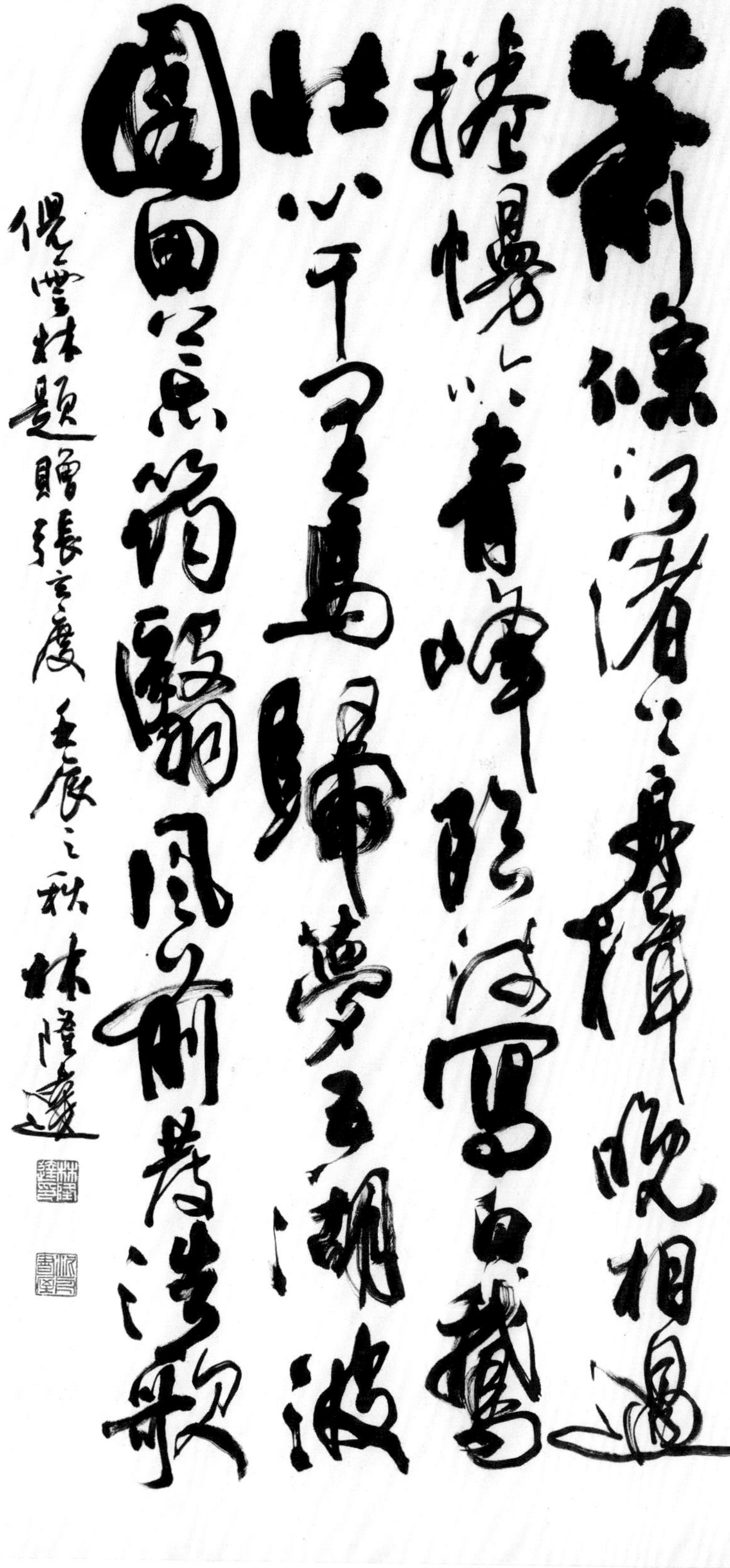

一行草中堂　倪雲林題贈張玄度

蕭條江渚上　舟楫晚相過　捲幔吟青峰　臨流寫白鷺

壯心千里馬　歸夢五湖波　園田荒筠翳　風前發浩歌

蕭蕭 70 紀念詩集

天風落款的地方

The Place Where the Wind Inscribes

作　　者：蕭　蕭
美術設計：許世賢
書　　法：林隆達
出 版 者：新世紀美學出版社
地　　址：台北市民族西路 76 巷 12 弄 10 號 1 樓
網　　站：www.dido-art.com
電　　話：02-28058657
郵政劃撥：50254486
戶　　名：天將神兵創意廣告有限公司
發行出品：天將神兵創意廣告有限公司
電　　話：02-28058657
地　　址：新北市淡水區沙崙路 25 巷 16 號 11 樓
網　　站：www.vitomagic.com
總 經 銷：旭昇圖書有限公司
電　　話：02-22451480
地　　址：新北市中和區中山路二段 352 號 2 樓
網　　站：www.ubooks.tw
初版日期：二〇一七年一月
定　　價：三二〇元

國家圖書館出版品預行編目（CIP）資料

天風落款的地方 ： 蕭蕭 70 紀念詩集 ／ 蕭蕭著 .--
初版 . -- 臺北市 ： 新世紀美學， 2017.01
面 ；　公分 --（典藏人文 ； 5 ）
ISBN 978-986-94177-0-9（平裝）
851.486　　　　105024244

新世紀美學

旭昇悅讀網 www.ubooks.tw

開悟的貓 www.dido-art.com